Lb.43
530

MARENGO

ET SES MONUMENTS.

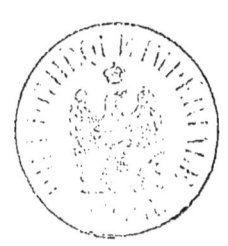

VUE GÉNÉRALE DE LA PLAINE DE MARENGO.

MARENGO
ET SES MONUMENTS.

MONOGRAPHIE.

Au milieu des luttes héroïques qui ont, pendant les quinze premières années de ce siècle, mis le génie de Napoléon aux prises avec les forces coalisées de l'Europe, l'histoire a distingué particulièrement deux noms et deux dates, Waterloo et Marengo. Ces deux batailles sont en quelque sorte la préface glorieuse et le dénoûment fatal de cette grandiose épopée napoléonienne. Waterloo personnifie la chute de cet homme prodigieux qui fut, pendant quelques années, le maître de l'Europe et l'arbitre souverain de ses destinées. Marengo rappelle les plus beaux jours de sa gloire et les commencements de sa puissance.

Les Anglais ont acheté la plaine de Waterloo et y ont érigé un monument pour perpétuer le souvenir de cette mémorable bataille. A Marengo, cinq ans après la victoire remportée par le premier Consul, on entreprit d'élever une pyramide. Napoléon, alors empereur, en posa la première pierre; mais elle ne fut jamais achevée, et, au milieu des revers qui vinrent plus tard peser sur la France, on vit disparaître jusqu'au dernier vestige de ce monument commémoratif.

Un habitant d'Alexandrie, le chevalier Delavo, s'était pris, dès sa jeunesse, d'un attachement profond pour cette plaine qu'il avait sans cesse sous les yeux ; les événements glorieux dont elle fut le théâtre parlaient de jour en jour plus vivement à son imagination. Il consacra presque toute sa fortune à l'achat de cette terre sacrée; aujourd'hui encore, avec un zèle infatigable, il recherche et recueille, sur les lieux mêmes, tous les objets qui peuvent rappeler le triomphe du premier Consul et en redire la gloire.

Ce nom de Marengo éveille partout un écho. A son souvenir, tous les cœurs tressaillent, tous les regards s'enflamment, en France, en Russie, en Angleterre, en Allemagne, partout. On a oublié les haines; le génie de Bonaparte, la valeur des combattants, la gloire de la France, sont encore présents à toutes les mémoires.

Cette plaine a acquis une grande place dans l'histoire Nous allons dire ce qu'elle fut autrefois, ce qu'elle est aujourd'hui, décrire les monuments qui la décorent, et que visitent pieusement les voyageurs de toutes les nations.

I

D'ALEXANDRIE A MARENGO.

Alexandrie est assise au milieu de la vaste plaine du Pô, que les Alpes bornent au nord et les Apennins au midi. Une double enceinte de murailles et de fossés entoure la ville.

Du côté du sud, les murs se prolongent jusqu'au pont situé sur le Tanaro, dont les eaux baignent les remparts. Le pont conduit à un château-fort dont la position garde la route qui va de Parme et de Plaisance à Turin, où elle se bifurque en deux voies qui conduisent, l'une à Gênes, et l'autre en Lombardie.

Fondée en 1168, Alexandrie s'appelle ainsi du nom du pape Alexandre III, chef de la ligue lombarde. Frédéric II venait de conquérir Milan, et d'en expulser les habitants. Les proscrits erraient dans la campagne. Les cités lombardes se concertèrent pour bâtir cette ville, et pour en faire un rempart, en même temps qu'un asile pour les infortunés Milanais. On la nomma *Alexandrie de la Paille; Alexandrie*, du nom du pape, et *de la Paille*, parce que les toits des maisons, bâties à la hâte, furent couverts de chaume.

Alexandrie est destinée à être le point de jonction des voies ferrées de la Suisse et de la Lombardie. Déjà elle est proche de celle qui va de Turin à Gênes, en traversant Novi, et en pénétrant dans le cœur des Apennins.

Une des portes de la ville s'appelle la porte de Marengo. Elle est le point de départ d'une route qui se dirige de l'ouest au levant. D'un côté, la plaine s'étend jusqu'à la ceinture des Alpes, au milieu desquelles se dresse, comme une pyramide neigeuse, la cime altière du Monviso ; de l'autre, elle côtoie une chaîne de collines, couvertes de jardins, de fermes et de riches cultures. La route traverse la plaine, serpente au milieu des plus riantes prairies, et vient déboucher en face de la Bormida.

Cette rivière prend sa source loin de là ; elle grossit peu à peu, se détourne de l'est au nord, et décrit un demi-cercle autour des campagnes qu'elle arrose au midi d'Alexandrie. La route rencontre la Bormida, et la traverse sur un pont, à l'endroit où ce demi-cercle s'incline vers le nord.

La plaine de Marengo commence au pont de la Bormida ; mais ce n'est pas encore là l'endroit où se livra la bataille. En suivant la route à travers les prés, on rencontre un petit pont que l'on nomme le pont de Marengo.

Au-dessous de ce petit pont s'étend, de chaque côté de la rivière, un grand espace carré ; c'est le champ de bataille où se mesurèrent la France et l'Autriche, Napoléon et Mélas, descendus l'un par le Saint-Bernard, et l'autre par le Var ; où quatre-vingt-dix mille hommes combattirent avec acharnement, tombèrent par milliers, et jonchèrent la plaine de leurs cadavres.

II.

LA PLAINE.

Cette plaine a une étendue de dix mille trois cents ares. Depuis la journée du 14 juin 1800, ces champs sont devenus les plus fertiles de toute la contrée. On y cultivait et on y cultive encore du blé, qui y fructifie admirablement. Pendant les huit premières années qui suivirent la bataille, on ne put rien y récolter. Les plantes, croissant trop rapidement, s'affaissaient sur elles-mêmes, courbées par l'excès de leur hauteur et de leur poids, épuisées par l'exubérance de leur sève.

Plus loin sur la route, on aperçoit un groupe de maisons, au milieu desquelles une tour s'élève. Ce groupe de maisons, c'est Marengo; cette tour qui les domine, c'est la tour de Théodoric.

On raconte que Théodoric, roi des Goths, avait fait de cette plaine un lieu de délices. Il y construisit un magnifique palais, environné de bois et de jardins. Lorsque Théodoric fut mort, et que la domination des Lombards eut succédé à celle des Goths, les nouveaux possesseurs de la plaine en firent leur séjour de prédilection. Théodelinde et d'autres monarques de cette race, tout en fixant à

Pavie le siége de leur royauté, avaient conservé à Marengo des maisons de plaisance aussi somptueuses que salubres.

De toutes ces magnificences des rois goths et des rois lombards, il ne reste plus aujourd'hui que cette vieille tour démantelée. Elle s'aperçoit de tous côtés et à une très grande distance, et guide vers Marengo les pas du voyageur.

Avant le 14 juin 1800, la tour de Théodoric était la seule curiosité de Marengo. A cette époque, la plaine se terminait à ses deux extrémités par deux bâtiments.

L'un d'eux existe encore aujourd'hui. C'est une vaste et longue ferme, ornée de balcons à l'extérieur ; au dedans, elle se compose d'un grand vestibule, autour duquel règne d'un côté une file d'arcades, qui soutiennent une toiture large et inclinée.

Cette ferme appartient à l'hôpital d'Alexandrie, et se nomme la ferme de l'Hôpital. En Italie, toutes les communes, jusqu'aux hameaux et aux villages, sont douées d'établissements de bienfaisance. Parmi les nombreuses institutions qu'Alexandrie possède en faveur de l'indigence, elle a un hôpital qui tire un très riche revenu de ses maisons et de ses domaines. C'est à l'extrémité d'un de ces domaines qu'est située la ferme que nous venons de décrire.

L'autre maison de Marengo était une auberge. Aujourd'hui elle fait partie d'un palais splendide ; l'une de ses chambres n'est rien moins que le *Sanctuaire de Marengo*. De tout pays on accourt le visiter ; on y entre avec le recueillement et le respect que commandent les souvenirs qui y sont attachés.

III

L'AUBERGE.

En 1800, ce lieu sacré n'était encore qu'une modeste auberge, placée humblement au bord du chemin; ses murs portaient la triple empreinte des ans, de la neige et de la fumée. Elle était le rendez-vous des voitures, des charrettes, des chevaux et des mulets qui venaient de Turin, d'Alexandrie, de Pavie, de Plaisance ou de Novi.

On apercevait, en entrant, une longue écurie où se reposaient les chevaux et les mulets des voyageurs; une toiture couverte en tuiles rouges, et soutenue par des pilastres de briques blanches, les abritait contre la pluie, le vent et le soleil.

L'auberge touchait à l'écurie. Elle avait deux étages de trois petites chambres chacun. Au premier, logeaient l'aubergiste et sa famille. Au rez-de-chaussée, la cuisine était la première pièce qui attirât les regards. Une activité extraordinaire y régnait incessamment; les fourneaux étaient toujours en feu; les rôtis embrochés la remplissaient de fumée et d'odeurs appétissantes. Sur une table, des bouteilles, des verres, des flacons, des brocs remplis d'un vin écumeux attendaient les arrivants.

Les charretiers, les voituriers, les muletiers et les autres gens de la même classe, s'arrêtaient dans une chambre contiguë à la cuisine, qui devait servir de salle à manger.

Dans les grands froids, ils y venaient se réchauffer à la flamme de gros ceps de vigne flamboyants dans l'âtre d'une vaste cheminée, et, dans les chaleurs de l'été, se reposer des ardeurs de la route. C'était dans cette chambre, en toute saison, un va-et-vient bruyant, un concert de joyeuses libations.

A la suite de cette salle, une dernière chambre était réservée exclusivement aux voyageurs de quelque distinction.

IV.

LE SOIR DU 14 JUIN 1800,

Le soir du 14 juin 1800, un jeune homme petit, maigre, aux cheveux longs et plats, vêtu d'un uniforme bleu et d'une ample capote grise, vint prendre possession de cette petite chambre, pour quelques jours. Pendant tout ce temps, on ne vit plus la chambre voisine hantée par ses hôtes ordinaires, les voituriers et les muletiers; ils étaient remplacés par des officiers-généraux, au visage fier et martial, qui accouraient se grouper autour de leur jeune chef.

Pendant toute la matinée, l'aubergiste s'était tenu pour mort; les cris des blessés, les gémissements des mourants, le bruit de la mousqueterie, le fracas de la mitraille, l'avaient étourdi; le soir, aux derniers rayons du soleil, ses regards contemplèrent avec horreur la plaine couverte de cadavres amoncelés. Et, comme pour faire contraste à ce lugubre spectacle, il voyait arriver chez lui des étrangers, sur le visage desquels éclataient les enivrements d'une joie enthousiaste.

Plus tard, il apprit que cette chambre avait eu pour hôte, pendant ces quelques jours, le plus grand homme des temps modernes, et dès lors ce lieu devint pour lui l'objet d'un culte profond.

Bientôt le jeune héros quitta Marengo, avec ses officiers et son armée. Mais, plusieurs mois après, la plaine gardait encore les traces de la grande bataille qui l'avait ensanglantée ; on venait de toutes parts la visiter, et l'hôte montrait avec orgueil, aux voyageurs qui s'arrêtaient dans son hôtellerie, cette petite chambre, que le vainqueur de Marengo avait habitée. Chacun alors contemplait avec respect cette chambre qui était déjà la principale pièce de l'auberge et qui depuis ce jour devint un véritable sanctuaire.

TABLE AYANT SERVI AU PREMIER CONSUL POUR ÉCRIRE A L'EMPEREUR D'AUTRICHE.

V.

LA TROISIÈME CHAMBRE DE L'AUBERGE.

C'était une petite pièce carrée, longue de cinq mètres et large de trois mètres et demi. Le plafond était formé de planches grossièrement peintes en bleu de ciel, et soutenues par sept grosses poutres. Les parois de la chambre, badigeonnées de bandes jaunes dans toute leur hauteur, étaient traversées, à partir du milieu, par des frises de plâtre.

D'un côté, on apercevait une vieille cheminée, dont le vaste foyer pouvait consumer des ceps énormes. Au midi, une fenêtre ouvrant sur la plaine était protégée au dehors par une grille de fer rouillé, et fermée par une vieille croisée aux petites vitres poudreuses.

Une table massive occupait l'embrasure de la fenêtre. Cette table servait de bureau en 1800. Elle supportait une écritoire d'étain, ternie par le temps, formée de deux petits récipients, l'un pour l'encre et l'autre pour le sable, au milieu desquels s'élevait un tube rempli d'eau, où les plumes se plaçaient verticalement. Deux réservoirs, fermés par des couvercles, recevaient les pains à cacheter.

A côté de la table, on voyait une chaise basse, qui faisait le principal ornement de la pièce. Elle était recouverte d'un velours vert, passé, fripé, usé en plusieurs endroits jusqu'à la corde. Elle avait un bois noir, des barreaux tournés, un dossier élevé et de forme bizarre, au milieu duquel les nombreux voyageurs qui s'y étaient appuyés avaient laissé un sillon qui régnait dans toute la hauteur du dossier.

Les autres siéges qui ornaient la chambre étaient de simples chaises de paille, grossières et sans élégance. La chaise de bois noir et de velours vert était du reste réservée aux personnes notables qui descendaient à l'auberge, ainsi que l'encrier et la table dont nous venons de parler.

On sait que peu de jours après la bataille de Marengo, François Ier, empereur d'Autriche, reçut une lettre de Bonaparte, premier Consul de la République française. Les termes de cette lettre étaient pleins d'une franchise militaire, inspirés par une haute prévoyance, et dépouillés des artifices diplomatiques. Elle donna la paix au monde et au continent européen.

Bien des mois après, et lorsque la plaine de Marengo ne gardait plus de traces de la grande journée, l'hôte entendit par hasard parler de cette lettre ; il ne manqua pas de la rappeler aux visiteurs, en leur montrant la chambre dans laquelle le grand homme s'était reposé, la chaise sur laquelle il s'était assis, l'encrier et le bureau qui lui avaient servi pour cette épître mémorable.

LE FONTANONE

VI.

LE FONTANONE.

Telle était l'auberge de Marengo en 1800. Un petit jardin régnait devant la maison ; un puits, dont l'eau servait à l'arrosage, ainsi qu'aux besoins de l'auberge, était creusé au milieu du jardin. A proximité du puits, on venait s'asseoir sur un banc, formé d'un bloc de granit vert que supportaient deux pierres carrées.

A une portée d'arc du jardin, la plaine s'affaisse. Elle est coupée en cet endroit par un large fossé, au fond duquel ruisselle une eau fraîche et limpide, qui n'a guère plus de deux brassées de profondeur. Des plantes verdoyantes et des joncs aquatiques s'élèvent du sein de l'eau, alimentée par plusieurs sources qui jaillissent continuellement, et font bouillonner sans cesse la surface du ruisseau.

Ce fossé prend la forme d'une croix à trois bras : l'un des bras aboutit à la place qu'occupait le jardin en 1800; un autre s'étend dans la direction du haut de la plaine, et passe sous le pont de Marengo ; le troisième se prolonge dans le bas de la plaine, jusqu'à Castel-Ceriolo.

En 1800, ce ruisseau aux trois bras s'appelait le *Fontanone* ; son nom est devenu historique depuis le 14 juin de cette année. Dans cette journée héroïque, des torrents de sang vinrent grossir ses eaux, dont le lit fut comblé par des monceaux d'armes et par les cadavres des hommes et des chevaux qui y furent entassés dans un pêle-mêle épouvantable. Les destinées de la France et du futur empereur se décidèrent autour de l'humble Fontanone.

VII.

LA JOURNÉE DU 14 JUIN 1800.

Le 14 juin 1800, au lever du soleil, quatre-vingt-dix mille cœurs palpitaient d'impatience et d'émotion ; ce jour-là, quarante mille Allemands devaient s'ouvrir un chemin vers l'Allemagne. Mais Bonaparte avait résolu de fermer toute issue à l'ennemi, de le cerner, de l'acculer, et de le contraindre à demander cette paix que de Paris il avait en vain offerte à l'Autriche.

Depuis plusieurs années déjà, la victoire s'attachait aux pas et au nom de Bonaparte. Ses admirables campagnes d'Italie avaient donné la mesure de ses talents militaires ; mais les derniers mois de l'année 1799 l'avaient vu accomplir des prodiges plus merveilleux encore. La France pacifiée, l'ordre restauré, la confiance et l'espoir rendus à tous les honnêtes gens, telle était son œuvre à l'intérieur ; au dehors, il avait conclu la paix avec presque tous les ennemis L'Autriche et l'Angleterre restaient seules à s'obstiner dans cette lutte ; après les avoir engagées le premier à la paix, il se voyait forcé de la leur imposer.

En Italie, Mélas tenait Masséna assiégé dans Gênes, tandis qu'il cherchait à se frayer un passage à travers le Var pour entrer en France. Mélas n'attendait les armées françaises que de front, il croyait ses derrières assurés, étant maître du Piémont et de la Lombardie, et tenant en son pouvoir toutes les entrées de l'Italie et de l'Allemagne.

Bonaparte quitte Paris tout à coup. En quelques jours, dans le plus grand secret, il traverse le Saint-Bernard, jette dans la vallée d'Aoste une armée nombreuse et florissante, et tombe inopinément sur l'arrière-garde de Mélas. Du même coup, toutes les issues de l'Allemagne sont fermées au général autrichien, et, s'il ne peut s'en ouvrir une par la force, il faut qu'il se soumette, et qu'il abandonne l'Italie aux Français.

Tel fut le plan audacieux que Bonaparte mit à exécution le 14 juin dans la plaine de Marengo.

On combattait depuis le matin, les Autrichiens étaient vainqueurs. Marengo et ses quelques maisons, ainsi que le Fontanone, étaient le point stratégique d'où les soldats de Mélas avaient dû déloger les Français pour s'ouvrir un chemin. Le village de Marengo avait été pris, perdu, repris et reperdu, et repris encore ; les troupes des deux camps avaient tour à tour passé et repassé le Fontanone ; les Français s'étaient vus plus d'une fois au moment de repousser les Autrichiens ; plus d'une fois ceux-ci avaient pensé échapper au bras de Bonaparte. A la fin, Marengo tomba au pouvoir des Autrichiens ; les Français battaient en retraite, l'ennemi s'avançait dans la plaine. Bonaparte, qui ne se trouvait pas sur les lieux, apprend l'état désespéré de la bataille ; il accourt, il se précipite, il voit son aile gauche en déroute, et sa droite chancelante. Il lance au milieu des deux ailes les grenadiers de la garde consulaire, pour renforcer l'une et rallier les débris de l'autre.

La présence de Napoléon électrise les Français; ils reviennent à la charge, et s'élancent avec une nouvelle ardeur pour reprendre Marengo; vains efforts! Mélas et les siens tiennent bon. Toutes les forces ennemies, infanterie, cavalerie, artillerie, sont concentrées sur ce point; elles luttent avec acharnement, et le succès les favorise. Les Autrichiens maintiennent Marengo en leur pouvoir; ils s'avancent, et font de nouveau plier les Français; Bonaparte lui-même donne l'ordre de la retraite. La victoire reste aux Autrichiens : Mélas court à Alexandrie, pour expédier cette nouvelle à Vienne et à toute l'Europe. Ses troupes ont déjà fait plus d'un mille; elles ont dépassé Saint-Julien et continuent à avancer.

Il est trois heures de l'après-midi. L'abattement et le désespoir règnent dans tous les rangs de l'armée française. Soudain voici Desaix, que l'on attendait avec une vive impatience. On se consulte, on discute; la plupart des généraux opinent pour la retraite. Desaix tire sa montre : « Oui, dit-il, la bataille est perdue, mais il n'est que trois heures, nous avons le temps d'en gagner une. » Là dessus une nouvelle bataille s'engage; les Français la gagnent Ils reprennent Marengo, et les Autrichiens s'enfuient en désordre vers la Bormida. La route d'Allemagne fut fermée. Napoléon dormit sur le champ de bataille, mais Desaix y mourut. Les Autrichiens eurent 8,000 hommes tués, et les Français 6,000. Mélas capitula, et la haute Italie devint la conquête de la France.

Mais cette capitulation ne suffisait pas à Bonaparte; il tenait à imposer la paix à l'Autriche. Le soir il se retira à l'auberge, dans cette même petite chambre que nous avons décrite. C'est là qu'il reçut l'envoyé de Mélas, et qu'il lui dicta ses conditions irrévocables. C'est là, sur cette table placée dans l'embrasure de la fenêtre, assis sur cette vieille chaise de velours vert, et trempant dans cet encrier d'étain sa plume victorieuse, que Bonaparte écrivit sa mémorable lettre à l'empereur d'Autriche. Avant de quitter le champ de bataille de Marengo, raconte M. Thiers, le premier Consul voulut écrire une seconde lettre à l'empereur d'Allemagne. En ce moment il désirait la paix avec une ardeur extrême; il sentait que pacifier la France au dehors, après l'avoir pacifiée au dedans, c'était là sa vraie mission, et qu'un semblable résultat légitimerait son autorité naissante, mieux que ne l'auraient pu faire de nouvelles victoires. D'autre part, accessible aux plus vives impressions, il s'était senti ému à l'aspect de cette plaine où gisait le quart de son armée. Sous l'influence de ces sentiments, il écrivit cette lettre remarquable : « *C'est du champ de bataille même, au milieu des souffrances d'une multitude de blessés, entouré de quinze mille cadavres, que je conjure V. M. d'écouter la voix de l'humanité, et de ne pas permettre que deux vaillantes nations se déchirent pour des intérêts qui leur sont étrangers. Il m'appartient de solliciter V. M., parce que je suis plus près du théâtre de la guerre.* »

Cette lettre était longue, et passait en revue les motifs que la France et l'Autriche pouvaient avoir de continuer la guerre. Elle était écrite avec la plus vive éloquence, avec cette éloquence de Bonaparte, préparant et hâtant, du fond d'une obscure maisonnette, les destinées du monde.

Depuis lors, la tradition a pieusement rattaché un souvenir à chaque motte de terre, à chaque objet de cette plaine, au Fontanone, au puits, au banc de granit, à la petite chambre du rez-de-chaussée. On raconte encore que, le soir de la bataille, tandis que les Autrichiens, poursuivis par les Français victorieux, fuyaient en désordre vers la Bormida, Bonaparte et ses généraux s'arrêtèrent auprès du puits pour étancher leur soif. Bonaparte s'assit sur le banc de granit, et but le premier.

On montre encore la vaste écurie de l'auberge, où les blessés gisaient par milliers étendus sur la paille; leurs gémissements et leurs plaintes parvenaient aux oreilles de Bonaparte, pendant que, du fond de sa petite chambre, il écrivait à François d'Autriche. C'est au bruit de ce douloureux concert qu'il adjurait l'empereur de ne pas rester sourd à la voix de l'humanité. Après une telle victoire, la réponse de l'Autriche ne se fit pas attendre; elle accepta la paix, et ce fut sur cette paix, conquise à Marengo, que le premier Consul jeta les fondements de l'empire français.

VIII.

MARENGO DEPUIS 1845.

Marengo garda le même aspect pendant de longues années. D'un côté l'auberge, de l'autre la ferme de l'Hôpital, occupaient toujours les deux extrémités de la plaine.

Mais depuis 1845 la scène a bien changé. Sur l'emplacement de l'auberge, s'élève maintenant un palais, construit dans l'unique but de conserver la petite chambre dans laquelle Bonaparte s'arrêta pendant les jours qui suivirent la bataille de Marengo. Dans l'enceinte même du palais, un hôtel moderne a succédé à l'ancienne auberge. C'est toujours le rendez-vous des voituriers, des charretiers et des voyageurs qui vont de Turin à Tortone, à Pavie, à Plaisance, à Gênes et *vice versâ*. Mais on y reçoit en outre, souvent, des familles et des personnages de distinction qui viennent visiter Marengo et ses monuments.

L'écurie, dans laquelle les blessés furent entassés pêle-mêle après la bataille, occupe toujours la même place. Elle est restée dans le même état, avec ses pierres, ses briques, ses râteliers, ses crèches, ses poutres et sa toiture d'autrefois.

PALAIS MONUMENTAL DE MARENGO.

Lorsqu'on vient d'Alexandrie, et qu'on a traversé successivement le pont de la Bormida et le petit pont de Marengo, on aperçoit d'abord la tour de Théodoric, la ferme de l'Hôpital, et, plus près de la route, l'auberge avec son enseigne portant le nom de Marengo, surmonté d'une vue du paysage. A côté de l'auberge s'élève un palais magnifique. Devant la façade s'étend une large esplanade entourée d'un petit mur à hauteur d'appui, que surmonte une haute et solide grille de fer. Le palais est prolongé à droite par une muraille dont le sommet est couronné de flèches et de coupoles. La surface de cette muraille est couverte de peintures à fresque représentant des amphithéâtres, des arcs de triomphe, des palais, en un mot le panorama d'une ville grandiose et triomphale. Au milieu de l'esplanade se dresse la statue d'un guerrier. Plus loin, à travers la grille, on découvre çà et là des arbres, des bosquets, des monticules couronnés de saules et surmontés de belvédères.

A l'aspect de toutes ces magnificences, on s'arrête, et la pensée se reporte à la journée de Marengo. Le nom de Napoléon, celui de la France, la victoire du 14 juin 1800, se pressent dans les souvenirs des voyageurs.

IX.

L'INAUGURATION DU MONUMENT DE MARENGO.

Le 14 juin 1847, la route qui passe devant le palais était encombrée, dès le matin, de carrosses, de chevaux et de piétons. C'était le jour désigné par le chevalier Delavo pour l'inauguration du monument auquel il consacrait depuis bien des années des sommes énormes et des efforts persévérants. On devait, ce jour-là, découvrir la statue du premier Consul, et laisser la foule visiter le palais, le jardin, les monuments de la bataille, les reliques du premier Consul et de l'Empereur. Le voile qui couvrait la statue tomba aux cris répétés de : Vive Bonaparte ! vive Napoléon ! Le public pénétra dans le palais, se répandit dans le jardin, visita tour à tour le puits, le banc, le Fontanone, retrouvant partout avec admiration les souvenirs du grand capitaine, et la mémoire de Desaix. Chacun, en voyant la petite chambre de la vieille auberge, applaudissait hautement à la pensée que l'on avait eue de la laisser subsister telle quelle au milieu du palais, et de conserver dans l'état où ils se trouvaient depuis 1800, le plafond, la fenêtre, la cheminée, le plancher de briques, et les parois avec leurs bandes jaunes et leurs frises de plâtre.

Pendant toute la journée, trois orchestres jouèrent des fanfares militaires, et jetèrent aux échos de la plaine ces mélodies guerrières qu'ils avaient depuis longtemps oubliées. Des mâts de cocagne, dressés sur plusieurs points, servirent de divertissement à la foule. On lança plusieurs aérostats. Le soir, le palais, le jardin, la route elle-même, depuis le petit pont de Marengo jusqu'à l'hôtel, furent splendidement illuminés de guirlandes de feu aux mille couleurs. La fête se termina par un feu d'artifice allégorique, à la fin duquel apparut un aigle impérial resplendissant de flammes. Enfin, les milliers de curieux qui étaient accourus se retirèrent pleins d'admiration pour les magnificences déployées par un simple particulier pour rendre hommage à la gloire de la France et au grand nom de Bonaparte.

X.

LA VILLE DES VICTOIRES ET LA STATUE DU PREMIER CONSUL.

Aujourd'hui encore, en visitant ce palais, on éprouve à chaque pas le même sentiment. On ne se lasse pas de regarder tous ces objets qui portent l'empreinte de la pensée unique qui a dirigé le chevalier Delavo. La cour d'honneur, au milieu de laquelle s'élève la statue, est fermée par une grille de fer, dont la disposition seule indique déjà la destination du palais.

En effet, cette grille est formée de piques et de lances, séparées, de distance en distance, par des colonnes simulant des faisceaux consulaires, avec les haches romaines. La porte de la grille est ornée de lances, de faisceaux, de couronnes, emblèmes de la victoire qui a immortalisé la plaine de Marengo.

A droite de la grille est une muraille sur laquelle on a tracé la vue d'une cité triomphale. Quand la France et l'Empereur étaient à l'apogée de leur puissance, on s'occupait sans cesse de Marengo, et on avait songé à y bâtir une ville qui se serait appelée la *Ville des victoires*. Le plan était grandiose. Des rues magnifiques devaient rayonner d'un centre commun et aboutir aux portes de la ville, or-

STATUE DE BONAPARTE.

nées d'arcs de triomphe. On aurait donné à chacune de ces rues le nom d'une victoire de Bonaparte, à chacune de ces portes le nom d'une province de son empire.

Napoléon tomba avant que cette idée eût été réalisée. Le chevalier Delavo l'a précieusement recueillie ; il a fait peindre sur la muraille qui touche au palais la vue de la ville projetée, et çà et là il a fait élever des coupoles qui complètent l'illusion. Le mur est adossé à l'auberge et la dissimule complètement. Grâce à cette ingénieuse combinaison, l'impression produite par la vue de ce monument, qui rappelle un passé sublime, n'est pas affaiblie par le contact d'objets qui ramènent l'esprit aux triviales nécessités de la vie.

La statue du premier Consul est placée, ainsi que nous l'avons dit, devant la façade du palais, au milieu de la cour d'honneur. Elle a pour base un bloc de granit rouge des Alpes, dont la dureté symbolise l'immortalité de la gloire de Napoléon, et dont l'origine rappelle le passage du Saint-Bernard. Ce socle est entouré d'une balustrade de granit vert, dans lequel on a taillé douze colonnettes reliées entre elles par des chaînes de fer.

Cette statue, œuvre d'un artiste éminent, le chevalier Benoît Cacciatori, représente Napoléon dans une attitude méditative, la main droite sur son cœur, à demi cachée dans son uniforme, la gauche appuyée sur son épée, la tête nue, et la taille ceinte d'une écharpe.

L'artiste a saisi le moment où, après les deux défaites successives de l'armée française, le héros se préoccupe avec anxiété de l'arrivée de Desaix. Il songe aux conséquences possibles de cet événement, à la probabilité d'une victoire ; il est partagé entre la crainte de la défaite, et l'espoir du triomphe.

Appelé à tailler dans le marbre la plus grande figure de l'histoire moderne, à doter le champ de bataille de Marengo de la statue de l'homme qui l'a illustré, l'artiste a noblement compris qu'il devait se surpasser lui-même. Le visage, les vêtements, l'écharpe, la pose, l'expression, sont aussi fidèlement rendus que largement traités. Cette statue enfin porte, dans son ensemble, le caractère, la vérité, la pureté de lignes, la distinction que les grands talents savent imprimer à leurs œuvres. C'est bien ainsi qu'on se représente le premier Consul dans le moment le plus critique de cette journée. Il semble que l'on voie rayonner sur son front la pensée profonde qui changea la défaite en victoire, et fît succéder au découragement du matin l'enthousiasme du soir.

XI.

LE MUSÉE. — L'APOTHÉOSE DE BONAPARTE.

On arrive ainsi au vestibule qui dessert le rez-de-chaussée, et d'où l'on monte, par un escalier de marbre, aux étages supérieurs.

Depuis le 14 juin 1847, les étrangers sont admis à visiter le monument de Marengo. Le gardien du palais, vieux soldat de Bonaparte, qui a fait toutes les campagnes de l'empire, leur sert de guide et de *cicerone*. Ce brave homme parle trois langues, le français, l'italien et l'allemand. Il vous conduit dans toutes les salles du palais, et commence par le premier étage, réservant pour la fin la visite du rez-de-chaussée, où se trouve cette troisième chambre de l'auberge, religieusement conservée, et où sont rassemblés tous les débris de la bataille de Marengo.

Courbé sur son bâton, il précède les visiteurs dans l'escalier de marbre, dont la rampe en fer poli est ornée d'emblèmes impériaux. En arrivant au premier étage, on aperçoit deux longues files de salles toutes resplendissantes de lumière, et de couleurs éclatantes, aux parois et aux plafonds décorés de frises et de bordures sculptées. Partout, sous toutes les formes, et jusque dans les moindres détails, on voit revivre la pensée de Napoléon.

Le vieux soldat s'arrête à chaque pas pour raconter quelque épisode de la vie du héros dont il a suivi la fortune pendant tant d'années. Tantôt il le montre à Toulon, dirigeant les pièces d'artillerie sur un point auquel personne ne songeait, et réussissant ainsi à effrayer et à repousser les alliés; tantôt il rappelle son arrivée à l'armée d'Italie, puis la brillante série de victoires qui donnèrent successivement à la France le Piémont, Milan, la Lombardie. Il redit ce trait touchant de Bonaparte faisant sentinelle à la place d'un vieux soldat que le sommeil a surpris pendant sa faction. D'autres fois il raconte comment le premier Consul, enveloppé dans sa capote grise et monté sur une mule, gravissait les pentes escarpées du mont Saint-Bernard, et ses graves entretiens avec les Pères du couvent.

Le vieillard poursuit ses intarissables récits, et s'anime peu à peu à ces souvenirs glorieux; tout en l'écoutant on a traversé successivement un grand nombre de salles, et on arrive à une vaste pièce, à l'entrée de laquelle chacun s'arrête saisi d'admiration.

C'est la grande galerie du palais, la chambre de l'apothéose de Napoléon.

De tous les côtés le regard ne rencontre que des objets qui rappellent sa mémoire. Les dorures des tapisseries, les parois, les portières, les sofas, les chaises, les mosaïques du plancher, les peintures du plafond, les patères des rideaux, tous les meubles sont ornés d'aigles, de trophées, d'emblèmes impériaux.

L'apothéose de Bonaparte, c'est, il est vrai, l'éternelle admiration des hommes. C'est le génie avec lequel il a accumulé en quelques années plus de grandes choses qu'il ne s'en est fait en plusieurs siècles, c'est l'enthousiasme que sa gloire excite encore partout, même parmi les peuples qu'il vainquit, et au sein des puissantes familles auxquelles il s'imposa. Mais la victoire de

Marengo inaugura pour la France quinze des plus belles années de son histoire ; elle fonda le trône de Napoléon, et la grandeur future de sa dynastie. C'est donc à Marengo qu'il convient le mieux de placer l'apothéose de l'Empereur, puisque c'est de là, en quelque sorte, que date le commencement de son empire.

A la voûte de la galerie, où l'or brille à profusion, est suspendu un tableau à l'huile, enchâssé dans une vaste corniche dorée. Napoléon y est représenté en pied, revêtu du manteau impérial ; sa main droite porte le globe terrestre, et sa main gauche, le sceptre orné de l'effigie de Charlemagne.

Des esprits et des génies innombrables environnent de tous côtés le héros, et le soutiennent au milieu des sphères lumineuses des cieux. Ces génies ailés acmplissent le tableau : ce sont les victoires nombreuses et mémorables qui ont élevé si haut la gloire de la France et font l'étonnement de la postérité. Elles ont toutes le visage tourné vers Napoléon, et lui chantent un *hosanna* éternel. Au milieu d'elles apparaît une Victoire autour de laquelle toutes les autres sont groupées, et qui les domine fièrement. On devine que c'est la Victoire de Marengo.

Mais Bonaparte ne fut pas seulement un guerrier illustre ; s'il tira l'épée, il ne fit pas la guerre pour la guerre, mais il la fit pour obtenir la paix, une paix solide et durable, où la science, l'art, le commerce, la richesse publique, pussent se développer et grandir ; une paix ayant pour base l'ordre fondé sur des lois universelles, précises et équitables.

Le peintre n'a pas négligé cette seconde moitié de l'œuvre impériale. Tandis qu'autour de l'Empereur, les Victoires déploient triomphalement leurs ailes, il pose le pied sur un génie qui, d'une main, tient le code Napoléon, tandis que, de l'autre, il ordonne à la Renommée de redire à la postérité les fastes pacifiques du héros. A côté du code sont groupés les emblèmes des arts, de la paix, de la vertu, de la bienfaisance, de la sainte communion des peuples.

En présence de ce tableau, le guide découvre sa tête chauve; il s'incline dans une sorte d'adoration, s'appuie sur son bâton et semble ravi en extase, devant la grande figure de son héros, qui est pour lui le dieu des batailles modernes.

On passe ensuite dans d'autres chambres, où continuent à se dérouler page par page les fastes de l'épopée napoléonienne, au milieu d'un luxe éblouissant de dorures, de tapisseries et d'ornements. Un tableau spécial est consacré à chacune des victoires qui sont rassemblées confusément dans le tableau de l'*Apothéose*.

Dans une de ces galeries, on voit les divers épisodes de la campagne d'Égypte. Un tableau représente Bonaparte en face des Pyramides; un autre le montre debout sur la plage et projetant son retour en France. Ailleurs, c'est la *Bataille d'Austerlitz*, la *Bataille d'Iéna;* c'est le *Passage du pont d'Arcole*, où Bonaparte, un drapeau à la main, s'élance entouré de ses grenadiers au milieu d'une grêle de balles. Dans un dernier tableau, on retrouve la victoire à laquelle est dédié le palais, la victoire de Marengo. Il représente l'arrivée de Bonaparte sur le champ de bataille et la fuite précipitée de l'ennemi vers la Bormida.

Le vétéran des armées impériales s'arrête devant ce tableau; il raconte aux visiteurs comment le premier Consul, examinant ses cartes topographiques avant de quitter Paris, jeta les yeux sur la route qui va de Saint-Julien à Marengo, et dit à son secrétaire : « Ce pauvre Mélas, c'est ici que je le rejoindrai et c'est là que je le battrai. » Et, à ce dernier mot, il posait un doigt prophétique sur Marengo.

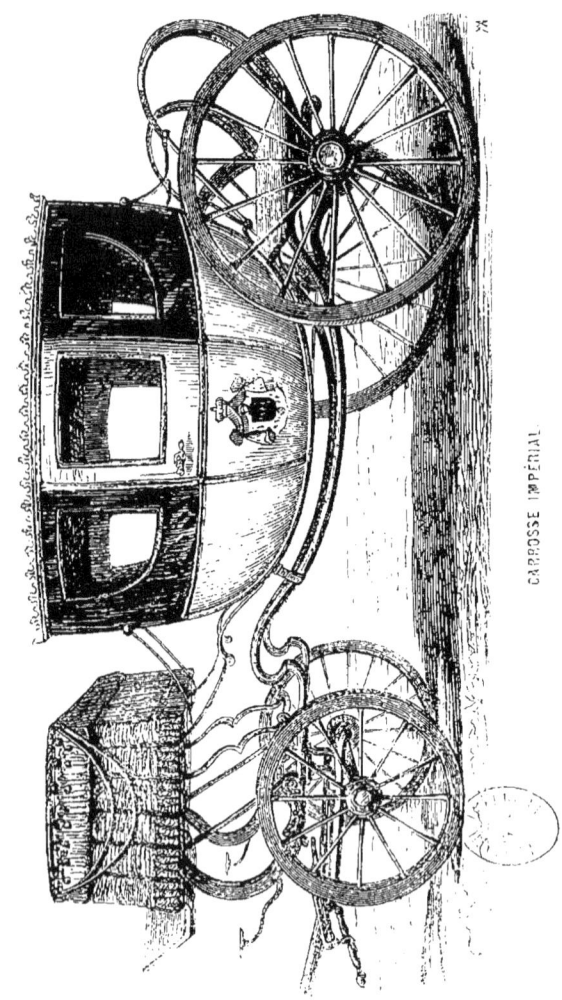

CARROSSE IMPÉRIAL

XII.

LE DEUXIÈME ÉTAGE DU PALAIS. — LES ÉCURIES. LE CARROSSE IMPÉRIAL.

L'escalier de marbre conduit à un deuxième et dernier étage, composé de deux files de salles moins somptueusement décorées, mais où le souvenir de Napoléon n'est pas moins vivant que dans les autres parties de l'édifice.

Des fenêtres de cet étage, la vue s'étend aux quatre points de l'horizon et découvre de magnifiques perspectives. Au couchant Alexandrie, Pietrabona et une immense étendue de plaine bornée par le mont Cenis et par le Monviso; au nord, Montecastello, Castelceriolo, la Rana ; au levant, Casinagrossa, Saint-Julien, i Poggi, les monts du Tortonese, les cimes des Apennins; au midi, la Stortigliona, la Spinetta, les montagnes d'Aqui. La plaine où se livra la bataille occupe le premier plan du tableau, et dans le lointain on aperçoit la Bormida, dont les flots baignent l'île Alta-Fiore, ses forêts épaisses et ses prairies fertiles, où on fait quatre coupes de blé par an (1).

(1) L'île Alta-Fiore fait partie de la plaine de Marengo. C'est là que la cavalerie allemande avait pris position le jour de la bataille.

Ce palais n'est jamais habité. Le chevalier Delavo a voulu en faire un monument, et, pour lui conserver ce caractère spécial et sacré, il s'est interdit d'y demeurer.

On redescend au rez-de-chaussée ; mais le vieux guide ne juge pas encore à propos de vous faire entrer dans ce sanctuaire, qui doit être comme le mystérieux dénoûment des visites ; il vous montre d'abord, à la sortie du vestibule, les pilastres sur lesquels sont sculptés des médaillons représentant les portraits de Lannes, de Victor, de Marmont et de Chamberlach.

Ces pilastres soutiennent un portique. A gauche, on aperçoit la maison du vieux guide, les habitations des jardiniers, des fermiers et des domestiques. Derrière ces dépendances est, d'un côté, l'écurie, dans laquelle on entassa les blessés le jour de la bataille ; de l'autre côté, sont les écuries actuelles et les remises.

On conserve dans une de ces remises et l'on montre aux visiteurs un carrosse impérial tout doré, orné des armes de l'empire, et garni de velours à l'intérieur. Les moyeux des roues sont d'argent massif. Des ornements du même métal bordent le haut du carrosse, et des panaches blancs flottent aux quatre coins. Une longue housse à franges de soie verte, blanche et or, recouvre le siége du cocher, et porte de chaque côté les armoiries impériales en argent élégamment ciselé.

Le vieux gardien, après avoir longuement fait admirer ce chef-d'œuvre, frappe brusquement de son bâton sur les glaces pour montrer leur solidité, qui est, assure-t-il, à l'épreuve des balles.

PUITS OÙ NAPOLÉON SE DÉSALTÉRA LE SOIR DE LA BATAILLE.

XIII.

LE PUITS. — LES SERRES. — LE JARDIN.

Après avoir fait le tour des remises, on se retrouve en face du vestibule dans la cour d'entrée. A gauche, à côté de la muraille du palais, se trouve un banc grossier, et à deux pas plus loin un réservoir carré de pierre, humide, aux parois duquel s'attache une mousse verdâtre. En se penchant sur ce bassin, on aperçoit, à une petite profondeur, une eau limpide continuellement agitée à la surface par une sorte de bouillonnement.

C'est sur ce banc de pierre que le premier Consul se reposa, le soir de la bataille. C'est au bord de ce puits qu'il se désaltéra. L'inscription suivante, gravée sur une plaque de marbre, est destinée à consacrer ce souvenir : *Qui posava e dissetavasi la sera del XIV giugno MDCCC alle ore IX il generale Bonaparte glorioso della seconda conquista d'Italia* (1).

Cette eau limpide, ce bloc de granit, réveillent des idées calmes et riantes. Mais traversons une courte et large avenue : voici le

(1) Ici se reposa et se désaltéra, le soir du 14 juin MDCCC, à neuf heures, le général Bonaparte, au moment où il s'illustra par la seconde conquête de l'Italie.

Fontanone, voici l'endroit où il se divise en trois bras. C'est là que, vingt fois, les phalanges des deux armées revinrent à la charge, se heurtant toujours avec plus de furie ; c'est là que s'entassèrent des monceaux de canons, de chevaux, de morts et de mourants. Napoléon et ses aides de camp, tout en se rafraîchissant et en se reposant des fatigues de cette rude journée, avaient sous les yeux ce terrible spectacle.

En cet endroit règne un silence perpétuel ; les eaux du Fontanone bouillonnent, mais elles ne font entendre aucun murmure ; on dirait que le courant est arrêté. Les rives hautes, verdoyantes, couvertes de fougères et d'arbrisseaux, se reflètent dans l'onde pure, transparente et presque immobile. Plus loin, le ruisseau augmente de profondeur; l'eau devient assez abondante pour faire mouvoir des moulins.

Le bruit des moulins, parfois apporté par le vent, est le seul qui trouble le recueillement de cette solitude. Et l'on se prend à songer à la coïncidence singulière qui a placé des établissements si essentiels à la vie sur les lieux mêmes où la mort a fait un jour tant de victimes.

Sur la rive droite du Fontanone (1) on voit des serres destinées aux plantes exotiques. On retrouve jusque dans ces serres des réminiscences napoléoniennes. On y cultive des plantes de l'île Sainte-Hélène, entre autres le saule qui ombragea le tombeau de l'Empereur, et qui est connu sous le nom de *saule de Napoléon*.

Auprès des serres règne un vaste et riant jardin traversé par des sentiers qui se croisent en tous sens. Lorsque la plaine commence à reverdir au printemps, sous la bienfaisante in-

---

(1) Le cours du Fontanone appartient au chevalier Bertone Sambuy, quoiqu'il soit enclavé dans la propriété du chevalier Delavo.

fluence du soleil d'avril, on distingue de loin ce beau jardin avec ses longues avenues de pins, d'ormes, de magnoliers, de chênes et de platanes. Ces grands arbres, placés à côté du Fontanone, désignent la position de Marengo à l'impatiente curiosité du voyageur.

On croirait, à voir l'épaisseur de ces fourrés, ne trouver dans ce jardin que des perspectives tristes et monotones; mais on est agréablement surpris des échappées ravissantes au travers desquelles la vue s'arrête sur des prairies émaillées de fleurs, aux senteurs les plus douces et aux plus vives couleurs.

Une fontaine, d'où l'eau s'élance à une grande hauteur pour retomber en pluie abondante, entretient la fraîcheur de l'air et ravive le coloris des tulipes, des roses et des amaryllis.

XIV.

L'OSSUAIRE.

Le jardin est séparé du Fontanone par un large chemin, à gauche duquel une petite chapelle surmontée d'une croix s'élève avec cette inscription : *Ai prodi di Marengo !* (*Aux braves de Marengo !*) Elle est fermée par une grille en fer qui laisse voir l'intérieur. De grandes urnes sont rangées de chaque côté de la chapelle ; elles offrent, aux regards et à la vénération des visiteurs, des crânes, des jambes, des ossements, débris des héros morts au champ d'honneur.

Après la bataille, on brûla les cadavres par milliers ; l'air en fut corrompu et empesté pendant plusieurs jours. Mais il s'en fallait de beaucoup qu'on les eût tous recueillis, et un grand nombre restèrent enfouis dans les champs ; çà et là gisaient des troncs, des bras, des jambes, des têtes. La pioche et la charrue en rencontrent encore quelquefois, et le chevalier Delavo les achète pour les placer dans cette chapelle consacrée aux braves de Marengo.

Chaque fois que le guide s'arrête devant ce monument funè-

CHAPELLE MORTUAIRE.

bre, ses yeux se remplissent de larmes. Tandis que les visiteurs, appuyés aux barreaux de la grille, contemplent tristement ces ossements, il leur raconte le terrible carnage qui eut lieu, le 14 juin 1800, sur les bords du Fontanone, à l'endroit même où s'élève la petite chapelle ; les scènes de désolation qui suivirent la bataille et les monceaux de cadavres qu'on brûla dans la plaine.

Reposez en paix dans ce lieu sacré, ombres vénérées des héros de Marengo ! Que chaque Français bénisse l'homme de cœur qui a rassemblé ces restes ! que de cette chapelle l'humanité fasse entendre sa voix, et persuade aux nations de ne plus poursuivre la paix à travers le sang et le carnage, mais de la faire surgir des arts bienfaisants de la paix, et de la faire fleurir de plus en plus vive et féconde dans l'harmonie universelle des peuples.

XV.

LE BUSTE DE DESAIX. — LA SÉPULTURE DE L'EMPEREUR.

Les monuments funèbres et les souvenirs douloureux se pressent dans ces lieux sacrés. A quelques pas de là s'élève, sur un socle de granit, le buste en marbre blanc de Desaix. Plus loin, on rencontre un petit ruisseau, que l'on passe sur un pont construit avec de grosses poutres, comme les ponts militaires, et au-delà du pont, on arrive, par un petit sentier, auprès d'une pierre tumulaire, sur laquelle plusieurs saules penchent leur feuillage mélancolique. Une

N

sculptée sur la pierre, indique que c'est le tombeau de Napoléon.

Le chevalier Delavo, après avoir élevé à Bonaparte, sur le champ de bataille de Marengo, un monument qui rappelle sa gloire et son triomphe, a voulu rappeler ici son exil et sa mort. Il a reproduit scrupuleusement, d'après les dessins les plus exacts, la sépulture de l'Empereur à Sainte-Hélène. La pierre funéraire est tournée en face du buste de Desaix.

BUSTE DE DESAIX.

Après la bataille du 14 juin, Savary, aide de camp de Desaix, se mit à rechercher le cadavre du héros, et le reconnut, au milieu des autres morts, à son épaisse chevelure. Il le chargea sur son cheval, et l'emporta ainsi au quartier-général.

La perte de Desaix vint singulièrement attrister la joie et le triomphe du premier Consul. Il voulut lui faire des obsèques dignes d'un trépas si glorieux. Un convoi funèbre transporta le corps de Desaix au sanctuaire du Saint-Bernard ; ses compagnons d'armes l'accompagnèrent, lui rendirent les derniers devoirs, et proclamèrent autour de son cercueil la dette de la France envers le héros du 14 juin 1800, mort en donnant la victoire à sa patrie.

La mémoire de Desaix resta toujours chère à Napoléon. Pour consacrer le souvenir de cette affection qui ne faiblit jamais, on a mis en regard du buste de Desaix la sépulture de Bonaparte.

En revenant de visiter le tombeau de l'Empereur, on monte au sommet d'une colline, et l'on entre dans un belvédère d'où l'on découvre toute la plaine.

XVI.

LA PETITE COLLINE.

En 1805, Napoléon, un an après son avénement à l'empire, vint en Italie pour ceindre la couronne de fer. En passant par Turin, il eut la pensée de s'arrêter à Marengo ; il s'y trouva précisément le 14 juin, jour anniversaire de la victoire, et voulut se donner en spectacle le simulacre de cette bataille à laquelle, pour ainsi dire, il devait l'empire. De tous les points de l'Italie, il fit venir des troupes à Marengo, et le 14 juin 1805, il s'y rendit lui-même d'Alexandrie. Joséphine l'accompagnait.

Un trône, entouré de drapeaux et d'aigles impériales, attendait leurs majestés. Napoléon y conduisit l'Impératrice. Puis il revêtit l'uniforme et le chapeau qu'il avait portés, cinq années auparavant, jour pour jour, et qu'il conserva toute sa vie, en mémoire des grands événements qui avaient suivi cette journée. Il descendit ensuite de son trône, monta à cheval, et commanda en personne les évolutions des troupes, qui simulèrent, dans tous ses détails et avec toutes ses péripéties, la bataille de Marengo. Après les manœuvres, Napoléon remonta auprès de l'Impératrice, et distribua aux plus braves soldats de l'armée des croix de la Légion d'honneur.

A l'endroit même qu'occupait le trône impérial, s'élève aujourd'hui cette petite colline d'où l'œil domine toute la plaine de Marengo, et d'où l'on aperçoit tour à tour le tombeau de Napoléon, le buste de Desaix, la chapelle des braves, le carrefour du Fontanone, le palais, la cité des Victoires.

On redescend ensuite dans le jardin, on le traverse de nouveau pour retourner au palais ; on s'arrête encore une fois devant tous ces objets qui évoquent des souvenirs si glorieux. On a enfin regagné la cour d'entrée : « Maintenant, nous pouvons entrer », dit le vieux guide ; et il introduit les voyageurs au rez-de-chaussée du palais.

XVII.

LE SANCTUAIRE.

Le rez-de-chaussée du palais est divisé en deux compartiments. Celui de droite contient les trois chambres qui faisaient autrefois partie de l'auberge.

La cuisine et la salle à manger tombaient en ruines, au moment où on entreprit de bâtir le palais. On fut obligé de les démolir, parce qu'elles n'auraient pu supporter le poids des constructions supérieures. Ce n'est qu'à force d'habileté et à l'aide des plus ingénieuses combinaisons que l'on a pu conserver intacte la petite chambre où s'arrêta Napoléon.

Après avoir traversé les deux premières chambres, on entre dans celle-ci par une porte surmontée de la lettre N, entourée d'une guirlande. Le gardien lève une barre de fer qui ferme la porte, et vous introduit dans le *Sanctuaire*.

La petite chambre est aujourd'hui telle qu'elle était en l'année 1800, avec ses poutres et son plafond peint en bleu, avec son plan-

LE SANCTUAIRE.
(chambre habitée par le Premier Consul le soir du 14 juin 1800).

cher de briques, sa cheminée au vaste foyer, ses murailles jaunes et bordées d'une frise en plâtre.

C'est toujours la même fenêtre, avec sa grille et ses carreaux d'autrefois. La table à écrire est toujours dans l'embrasure de la fenêtre, telle que nous l'avons déjà décrite. Seulement les bords de la table sont ébréchés ; il y manque çà et là quelques morceaux arrachés par des visiteurs, qui ont voulu en emporter un souvenir. En 1847, on a suspendu aux murailles tous les débris ramassés çà et là dans la plaine, et rappelant le souvenir de la bataille. Ce sont des baïonnettes, des épées, des fusils, des batteries de fusils, des chapeaux de la garde consulaire, des casques de la cavalerie de Kellerman, des tambours, des gibernes, des ceintures, des chapeaux d'officiers, etc. Parmi les épées et les sabres, on en remarque plusieurs qui sont ornés de riches ciselures, et ont dû appartenir à des officiers supérieurs. Tous ces objets sont mutilés, brisés, rongés par la rouille, ou tachés de sang et de boue.

On voit en face de la fenêtre les aigles impériales qui ornèrent en 1805 le trône de Napoléon lorsqu'il vint à Marengo. Au-dessous, les arquebuses, les baïonnettes, les sabres et les épées les plus riches et les mieux conservés forment des trophées et des panoplies. Au milieu de ces trophées, une armoire vitrée expose aux regards les reliques les plus précieuses de ce sanctuaire. On y voit l'encrier d'étain et la chaise de velours vert qui faisaient partie du mobilier de la chambre en 1800 ; quelques pièces de 20 francs en or, que Napoléon fit frapper à cette occasion, et qui reçurent le nom de *marengos;* et des médailles de bronze, commémoratives de cette glorieuse journée. On y admire l'étui du chapeau de l'Empereur, en velours blanc, orné de feuilles et de fleurs brodées en soie et en or, ainsi que les armoiries impériales. Au sommet de l'armoire sont suspendus deux pistolets d'un travail exquis, incrustés d'ornements d'or et d'argent. Un nom est inscrit en lettres d'argent ciselées sur les crosses. Ce nom est :

DESAIX

A la vue de ces reliques vénérées, les âmes des braves auxquels elles ont appartenu se présentent à la mémoire de tous ceux qui visitent ce sanctuaire. Les esprits se reportent aux entreprises auxquelles ces milliers de héros ont assisté. On croirait les entendre redire les chocs, les mêlées, les carnages au milieu desquels ils tombèrent dans ce jour fatal. Au-dessus de ces images funèbres, on voit planer la grande ombre de Desaix et le grand nom de Napoléon. A l'aspect de ces deux figures sublimes, on se souvient que de ce jour-là sortit le salut de la France ; dès ce jour, le génie de Napoléon s'empara d'elle ; le Consulat aboutit à l'Empire et à ce déploiement de puissance qui hâta en tout sens l'avenir du monde.

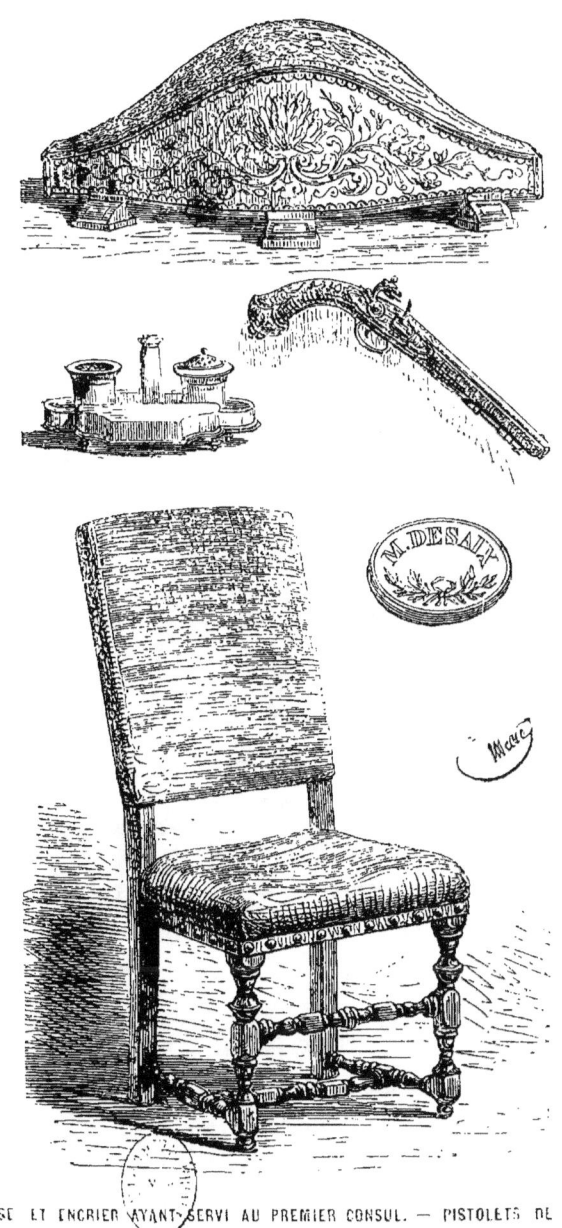

CHAISE ET ENCRIER AYANT SERVI AU PREMIER CONSUL. — PISTOLETS DE DESAIX.
BOITE A CHAPEAU DE L'EMPEREUR.

CONCLUSION.

La gloire de Napoléon remplit le monde entier. En France, il a laissé d'impérissables souvenirs. Nos poètes l'ont chanté; nos artistes ont taillé dans le marbre et coulé dans l'airain sa gigantesque figure. Il est le dieu des chaumières, et a son autel dressé dans chaque foyer de nos campagnes. Le soir, à la veillée, on se redit quelque épisode de sa grandiose et merveilleuse histoire.

Autour du récit épique de ses victoires et de ses conquêtes, la poétique fantaisie des traditions populaires a brodé, en capricieuses arabesques, tout un cycle de fantastiques légendes.

Cette iliade naïve transmet aux générations de nos villages le nom de Napoléon, ceint d'une magique auréole d'immortalité. Dans nos cités, on retrouve son souvenir à chaque pas, dans quelque puissante création de son génie. A Paris, dans cette capitale où il médita de si vastes desseins, où il accomplit de si grandes choses, deux monuments glorieux lui sont consacrés, sa statue sur la colonne Vendôme et son tombeau sous le dôme des Invalides.

Marengo devrait être en quelque sorte le sanctuaire de sa gloire!

Paris. — Imprimerie SERRIERE et Cⁱᵉ, rue Montmartre, 123.

www.ingramcontent.com/pod-product-compliance
Lightning Source LLC
LaVergne TN
LVHW021006090426
835512LV00009B/2113